Orações para Pessoas de Todos os Credos

Outras obras publicadas pela Nova Era

Cintilações – Prof. Hermógenes
Cintilações 2 – Prof. Hermógenes
Mensagens de Maria para o mundo – Annie Kirkwood
Francisco – Tiago Santiago
Invocações a São Miguel Arcanjo – Dhyana
Meditação: o caminho da paz – Celso Loureiro
OM: meditações criativas – Alan Watts

Neila Tavares

Orações para Pessoas de Todos os Credos

2ª EDIÇÃO

NOVA ERA

CIP-Brasil. Catalogação-na-fonte
Sindicato Nacional dos Editores de Livros, RJ.

T231o 2ª ed.
Tavares, Neila Marize, 1948-
Orações para pessoas de todos os credos / Neila Marize Tavares. – 2ª ed. – Rio de Janeiro: Record: Nova Era, 1997.

1. Orações. I.Título.

96-1005
CDD – 242.8
CDU – 243

DISTRIBUIDORA RECORD DE SERVIÇOS DE IMPRENSA S.A.
Rua Argentina 171 – Rio de Janeiro, RJ – 20921-380 – Tel.: 585-2000

Impresso no Brasil

ISBN 85-01-04623-X

PEDIDOS PELO REEMBOLSO POSTAL
Caixa Postal 23.052
Rio de Janeiro, RJ – 20922-970

"A oração é a água da vida; anima a existência e traz à alma boas-novas e júbilo. Tu deves atender a isto o mais que puderes, e convidar os outros à oração e à súplica..."

Abdu'l Bahá

Sumário

O Poder da Prece

A origem da oração é desconhecida. É tão antiga quanto o primeiro pensamento do homem em Deus como o Grande Criador do Universo – tão antiga então quanto o próprio homem. As mais antigas civilizações conhecidas praticaram a oração. Todos os povos oram e oraram em todos os tempos, todas as religiões têm orações, e em todas a oração é considerada fundamento de grande poder. Muitos nomes foram dados a Deus através dos tempos. Mas, não importa o nome que Lhe seja atribuído, uma coisa permanece comum a todos os homens: a certeza de poder comunicar-se amplamente com Ele. E oraram Jesus, Maomé, Moisés e Platão, Krishna, Buda, Zoroastro e Kardec, oraram os sábios e os santos e os simples e humildes. Orou Blavatsky, considerada a mulher mais erudita do século, como orou o pastor de ovelhas.

Muitas são as formas de orar. A grande mística Teresa de Ávila, doutora e reformadora da Igreja, canonizada Teresa de Jesus, a santa poeta, escreveu livros que são hoje clássicos da literatura religiosa. E neles ensinava a orar, como fazia ela própria, numa conversa franca com Deus, em palavras espontâneas, e plena intimidade com o Senhor.

Já o sábio Rei Davi e seu filho Salomão organizaram no tabernáculo e no templo dos hebreus o culto musical. Os salmos (alguns dos quais são atribuídos ao próprio Davi) são, ao mesmo tempo, letras de música e preces. E nessa forma de oração acrescentam-se às palavras poéticas o ritmo e a harmonia, para mais perto chegar de Deus e proporcionar emoção e concentração ao suplicante.

Os mantras, tão antigos na cultura hindu, compõem-se de palavras e sons escolhidos entre as notas musicais, para tocar o coração do Universo, que também é musical. O iogue, durante a meditação, repete o som AUM, procurando harmonizar-se com o som cósmico, "Música das Esferas" como o chamava Pitágoras. O AUM é, ao mesmo tempo, súplica e louvor, e o próprio nome de Deus, o próprio princípio criador. E, na doutrina hinduísta, a repetição do AUM pode impregnar um ambiente e atravessar encarnações, quando suficientemente interiorizado.

Há, portanto, muitas formas de oração e maneiras de suplicar e louvar. Mas hoje, quando o mundo impõe-nos tão grande corrida, poucos são aqueles no Ocidente que sabem e podem orar. A pressa, por sua vez, impõe-nos com rigor o abandono de nossos momentos de reflexão e interiorização. Pouco falamos com Deus, pouco valorizamos os bens do espírito, corremos em busca do sucesso, angustiamo-nos nas relações pessoais, acumulamos frustrações, e não conseguimos tempo e disponibilidade para o espírito. Esquecemo-nos mesmo que tanto mais precisamos da oração e da espiritualidade quanto mais somos exigidos na luta diária.

Desenvolve-se hoje no mundo uma espécie de paraciência, dedicada a estudar aquilo que permanece ainda invisível para o que se considera a ciência institucional ou ciência dos homens. Sabemos já que a saúde física ou mental depende de uma série de outros fatores e influências espirituais.

E grande é já o número de médicos no mundo que à medicina oficial acrescentam o conhecimento do mundo místico. Os relatos de curas inexplicáveis para a medicina dos homens avolumam-se.

E os mais avançados estudos nessa área afirmam que um grande número de orações direcionadas à mesma pessoa criará em torno dela um verdadeiro escudo de proteção e saúde, como um outro anjo da guarda. Da mesma forma, um grande número de pessoas orando por uma mesma coisa poderá interferir no destino do mundo. Ou não será verdade que a Fé remove montanhas?

Outra qualidade da oração é a de oferecer conforto ao suplicante. O espírito, através dela, se eleva e tranqüiliza. E quando uma pessoa se põe em oração, estará ao mesmo tempo fazendo uma reflexão sobre seu tema, muitas vezes encontrando ela mesma a solução ou o conforto de sua dor pela reflexão.

A afirmação da Fé é outro atributo da oração. E essa afirmação é um exercício diário. Ninguém melhor que um homem sem Fé para convencer-nos da grande felicidade que é possuí-la. Mas esse bem precioso se esvai, se dele não cuidarmos a cada hora. Como uma planta delicada, deve ser regada e alimentada. E, creia, leitor, o homem de Fé está mais preparado para a dor como para a alegria, para o fracasso como para o sucesso.

As orações que compõem este livro servem a

alguns objetivos. O primeiro é oferecer ao leitor temas universais de preces, pois que, muitas vezes, em nossos santuários, dispostos a conversar com Deus livremente, não encontramos palavras que correspondam aos sentimentos, e não são poucas as vezes em que desistimos após algumas tentativas. Todos nós já experimentamos a desistência. Por isso precisamos às vezes de palavras prontas.

O segundo objetivo desta coleção é criar palavras que possam ser repetidas, as mesmas, todos os dias ou com alguma freqüência.

Os que tiverem a oportunidade de um dia conversar com um ator de teatro saberão que, ao repetir no palco a cada dia o mesmo texto, nunca o dizem do mesmo jeito duas vezes, pois a cada momento uma nova intenção, uma nova inflexão, um novo significado são descobertos.

O mesmo se dá com o suplicante. E uma oração repetida com as mesmas palavras plasmará no espaço cósmico uma realidade paralela, tão nítida, tão delineada, que é quase material, e muitas vezes poderá mesmo ser vista por um clarividente (se a oração é repetida de forma sincera e interiorizada). Por isso, o cuidado necessário ao escolher imagens e palavras das orações.

Os indianos nos falarão de formas-pensamentos. Nesta doutrina, o pensamento ganha formas agradáveis ou não, que poderão, no mundo astral, assemelhar-se a anjos protetores ou a monstros predadores. Assim, um pensamento dirigido a alguém caminha até o seu campo astral, e ali, se encontra hospitalidade, permanece, ajudando ou prejudicando a pessoa em questão. Mas se, ao contrário, o campo lhe é hostil, retornará a seu criador. Essa é a lei. Da mesma maneira, pensamentos criados por nós sobre nós mesmos poderão fazer-se formas de grande beleza, que construirão o encantamento de nosso próprio mundo astral, nossa saúde física, mental, e espiritual; ao contrário, pensamentos contaminados poderão trazer-nos grandes malefícios.

Não discutiremos aqui esta ou aquela doutrina. Mas a experiência nos mostra o grande valor mágico do pensamento. É, portanto, mais que necessário dirigir um pensamento claro e organizado às coisas, às pessoas e aos fatos importantes à nossa harmonia interior.

E nossa mente objetiva acostumou-se a pensar em palavras. Poderíamos fazer a Deus uma prece em imagens, por exemplo. E algumas obras de pintores e escultores são verdadeiras preces. Mas não é assim que funcionamos normalmente. Pensamos em palavras. E tanto isso é verdade que só aprendemos um novo idioma tão completamente, a ponto de tê-lo bem introjetado, quando passamos a pensar nessa língua enquanto falamos.

E ainda que deva a oração trabalhar nossa mente subjetiva, utilizamos o pensamento e a palavra como suas vias de acesso.

Nenhum sistema religioso desconhece o poder da palavra. Afinal, foi a palavra divina o primeiro passo da Criação. Palavras boas, alegres, positivas são-nos essenciais para manter a mente limpa, enquanto que as palavras duras e desagradáveis hão de tornar-nos ásperos e trazer-nos impensados prejuízos.

Estimo, pois, que muitos encontrem neste livro identidade. Que seja a sua ação benéfica para quantos procurem conforto e aprendizado, não importa a que credo pertençam, pois tudo que se diz aqui é para um Deus universal, de todos os homens. E se seu coração encontrar nestas preces alegria, multiplicada alegria encontrará o meu.

Que, pela graça de Deus,
assim seja.

ROGÉRIO VILANOVA

Introdução

José de Arimatéia é uma alegoria, uma síntese. Ele representa todos os mestres de todas as escolas, religiões, seitas, tendências, portadores de verdades universais para os quais não importa a que credo pertença um homem, ou mesmo que não pertença ele a credo algum. Como o libertacionista José do Patrocínio, poder-se-ia dizer que "o que importa decididamente no homem é a sua posição em relação à poesia, ao amor e à liberdade". Assim é com os mestres a que me refiro.

Arimatéia é ora Krishnamurti, ora Blavatsky, Wilhelm Reich, Sri Aurobindo, Abdu'l Bahá, ora Eliphas Levi, Saint Martin ou José Henrique de Sousa.

A personagem deste livro é um mestre que ensina a orar homens de todos os credos. Dele me utilizo para uma grande reflexão sobre a oração, buscando fontes diversas e princípios comuns, e tomando como ponto de partida afirmações que permeiam todo o conhecimento místico-filosófico. A primeira delas é a de que o homem é um deus que disso não se deu conta. Disseram-no literalmente, entre outros, G. I. Gurdjieff, Saint Martin, e, na área da psicologia tal como a conhecemos hoje, Jacob L. Moreno, criador do psicodrama. A segunda, esta mais presente nos trabalhos da mesma natureza, e desde uma antiguidade que precede mesmo a Sócrates, é a de que o caminho da luz é o autoconhecimento.

Meu trabalho foi principalmente o de juntar pedaços, buscando, no cerne do pensamento dos grandes, a viagem espiritual de José de Arimatéia, e de criar uma linguagem comum, tão clara quanto possível, que servisse ao objetivo primeiro deste livro: o de ser acessível a todos.

Tomei o mesmo cuidado ao trabalhar as orações, que são aqui como ilustrações ao ensinamento de Arimatéia: de fazê-las tão simples como costumam ser as mais bonitas orações, e o mais próximas possível do sentimento de quem lê. É, no entanto, muito difícil para mim, como para a maioria dos autores de pouca experiência como eu, fugir do intricamento da linguagem para alcançar a simplicidade desejada. Porque falar ao homem comum é muitas vezes mais difícil que falar aos "eleitos".

No processo deste livro li uma grande quantidade

de orações e de textos teóricos de todas as crenças. Comovi-me especialmente com João da Cruz e com Teresa de Ávila, descobri Teilhard de Chardin, inspirei-me nos bahá'is (e a primeira oração deste livro toma por base palavras de Abdu'l Bahá), consultei teosofistas, hinduístas, cristãos, cabalistas e até anarquistas como Ivan Ilitch, cujo pensamento influenciou definitivamente todo o meu trabalho.

Lancei mão do processo arquetípico da oração, tão antigo quanto o próprio homem, tão presente em todas as raças, todas as civilizações, todas as crenças, para refletir sobre as condições e maneiras de falar ao Senhor.

Alguns amigos a que submeti meus originais apontaram semelhanças entre o meu profeta e o de Kahlil Gibran. Acho que não pensei nele enquanto escrevia, pelo menos que disto me desse conta. De qualquer forma, se conseguir criar a décima parte da beleza e da popularidade de Gibran, fico satisfeita.

Eis então o meu José de Arimatéia.

Empresta-lhe o nome o Arimatéia bíblico, o rico comerciante fariseu que freqüentou Jesus nas sombras da noite. Membro do Sinédrio, e que tinha provavelmente a função revolucionária de trabalhar o Sistema por dentro, votou com Nicodemo contra a condenação de Jesus, recolheu-lhe o sangue na cruz na mesma taça *em que bebera o Mestre na Última Ceia, e reclamou o corpo de Cristo a Pilatos, e, outra vez com Nicodemo, levou-o ao sepulcro que era seu, e o deitou sobre ervas. Depois envolveu-o no pano de puro linho que trouxera do Oriente feito sudário. Depois da Ressurreição, o mesmo Arimatéia (cujo nome deriva da cidade de Ramah, onde nasceu) chegou a Britânia, portando relíquias, e fundou a primeira Igreja de lá. Entre as relíquias que levava, estava talvez a taça na qual recolhera o sangue do avatara e que pode ter dado início à lenda do Santo Graal.*

NEILA TAVARES

Arimatéia

E quando José de Arimatéia desceu da montanha, disposto a quebrar o silêncio (e tão poucas vezes o fazia), já se aglomeravam os homens para ouvi-lo desde o alvorecer. E ele disse:

– Não é a mim que quereis ouvir, mas a vós mesmos.

Os homens surpreenderam-se. Haviam-lhes dito que o Mestre conhecia as palavras de falar ao Senhor. Eis por que vieram, alguns de tão longe, e suportaram o vento e a chuva, as feridas nos pés da caminhada, em busca do Ensinamento. E juntavam-se agora ao pé da montanha, homens e mulheres de todos os cantos, de todas as raças, de todos os credos, e, entre eles, velhos e meninos. E prosseguiu:

– Ouvi a voz que fala dentro de vós mesmos, e orai com ela. Sem o que, todas as palavras serão vãs. E o Senhor não as ouvirá.

E resmungou, com algum mau humor:

— Melhor seria se tivésseis ficado no silêncio de vossas casas que entre o ruído da multidão. Pois a voz que fala do fundo de vós mesmos ficou baixa, e necessita do silêncio para ser ouvida.

Arimatéia falava agora num crescendo, a voz clara e firme, emocionada, cada vez mais alta:

— Vós vos misturais demais. Vossa solidão é uma doença, quando deveria ser um mundo de riquezas do qual não abriríeis mão. Vós fazeis demasiado barulho, falais demais, comeis demais, correis de um lado para outro, tudo fazeis para calar o deus que fala dentro de vós mesmos. Procurais fora o que vive dentro de vós. Porque encontrá-lo em vós seria demasiado trabalhoso. E não suportaríeis tamanha felicidade. Preferis por isso iludir-vos. Sois deuses, e vos comportais como mendigos. Porque apostastes na mesquinharia, ficastes mesquinhos. Sois ricos, e implorais as migalhas que sobram da mesa do vosso pai. Quereis falar ao Senhor ou implorar-lhe o que de bom grado o Senhor já vos tem dado?

O Mestre falava agora muito alto. Os olhos abertos, brancos como os de um cego, voltados em direção indefinida. E continuou, possesso:

— Quereis falar ao Senhor. E me procurais para

saber como fazê-lo. Mas abris vossa janela para espiar as falhas de vosso vizinho. Para vigiar com quem entra ele em casa e a que horas. Achais mesmo que o Senhor vos ouvirá, antes que purifiqueis vossa mente? Bajulais os poderosos, amais os ricos, e tendes o sucesso por felicidade. Para vós, um homem bem-sucedido é o que acumula bens materiais. Dizeis falsidades, com a única intenção de tirar disto vantagens. Vosso ego é vosso Deus. Porque é o ego o Deus do mundo em que viveis. Ficais em paz se dais ao pobre da rua uma moeda por esmola, mas a guerra não vos diz respeito. Sobretudo se a guerra dizima raças que não a vossa. Porque separais os homens em raças, cores, religiões, partidos, opções sexuais. E desprezais tudo o que é diferente de vós. É assim que sois.

Fez uma pausa longa, que inquietou a multidão. E esperou que se fizesse de novo silêncio para recomeçar:

— Vós achais impuro o sexo, ainda que vossos pais o tenham feito, e isso ensinais em casa e nas escolas, e, com efeito, tornastes o sexo algo nojento. Aplaudis artistas medíocres, enquanto aniquilais os grandes, porque é a arte medíocre a única que sois capazes de suportar. Somente suportareis a grande arte quando o artista for esperto o bastante para dar-lhe capa de tolice. Desprezais a ciência que não é mostrada na televisão porque vos acostumastes a pensar que tudo que é importante entrará na vossa casa eletronicamente. E quereis falar ao Senhor. Não sois capazes de abrir o coração ao outro ou a vós mesmos, e quereis falar ao Senhor. Não sois capazes de olhar em volta nem para dentro de vós, e quereis falar ao Senhor. E perguntais como fazê-lo. Quereis de tal forma um mestre, um guia, que os vigaristas se multiplicam, os profetas proliferam, arrancando-vos dinheiro em troca de dizer-vos o que quereis ouvir. Porque vós adorais ser enganados.

O Mestre ardia nas próprias palavras. E continuou, febril:

— Olhai vossos líderes. Vós os seguis. Mas acaso um dia vos perguntastes quem são eles de verdade? Quem são eles na intimidade de suas casas, como tratam suas mulheres e filhos, como falam aos empregados, se são capazes de ter amigos, se são solidários e generosos com seus vizinhos? Não. Acaso vos perguntastes que sonhos profundos alimentam vossos líderes? Também não. Sabeis no fundo que vossos líderes mentem. Mas assim preferis porque adorais ser enganados. Amais a mentira. E não poderíeis imaginar o mundo sem mentiras. Na falsificação está vossa segurança. É assim que sois. Mas o Senhor é a verdade, a sinceridade. Então, por que lhe quereis falar?

E fez outra pausa imensa, antes de retomar, adoçando a voz:

— Eu vos digo: Purificai vossa mente, e vosso Mestre interior vos falará, e vos dirá o caminho. A oração é como a água. É preciso mergulhar nela como num mar. Mas sois capazes de fazer isso? Sois capazes de juntar todos os vossos pedaços, todos, num só, e serdes inteiros, para mergulhardes inteiros na oração? Sois capazes de ser? Não. Pois, quando fordes inteiros — corpo, alma, mente, espírito, todos num só —, então toda a vossa vida será uma oração. Se dormirdes ou acordardes, será uma oração. Se acariciardes vosso filho ou vosso cão, será uma oração, que as paredes de vossa casa repetirão incessantemente, e mesmo depois de um século estará lá. E se um dia vossa casa for demolida, a terra em que se erguia repetirá vossa oração. E cozinhareis em oração. E olhareis o desconhecido numa oração. Quando fordes harmoniosos. Quando aprenderdes a ser.

E voltou as costas à multidão, para se retirar. Os homens olharam-se tristonhos, perdidos. Então era isso? A longa caminhada, as feridas nos pés, os sapatos encharcados da chuva, a fome, o frio, para isso?

Só uma mulher entre eles, que tomava entre os dedos o seio para amamentar uma criança, ergueu a cabeça alegremente. Porque compreendeu.

Alguns pegaram de suas coisas e se foram. Outros ficaram, imóveis, esperando não se sabe o quê.

Mas um homem muito velho e magro, encurvado, de pernas inseguras e mãos descarnadas, pressentindo a sede do Mestre, interceptou-o com um cantil já com bem pouca água. O Mestre o tomou e bebeu. Um menino chorou na multidão, e o vento espalhou seu choro fino. Arimatéia comoveu-se. Conhecia mestres que estavam acima dos sentimentos humanos. Não ele. Comovia-se com freqüência. Até mesmo uma árvore o comovia.

— Há quanto tempo não vos enterneceis de verdade? — discursou baixinho, olhando outra vez a assistência. — Mas quereis falar ao Senhor. E esse é um longo caminho.

Respirou.

— Um longo caminho — repetiu, num sussurro. — Um caminho de alegria e de dor.

E balançou a cabeça, com um fio de voz:

— Ah, homens!...

E Arimatéia começou por falar ao Senhor, antes de iniciar seu ministério:

Oração pela paz e a compreensão entre os homens.

(corrente mundial pela paz)

Deus esteja presente.

Senhor,

Bem-aventurado é o lugar, templo, palácio, choupana ou coração, vale ou montanha, floresta, praia, ilha ou mar, onde se trabalhe pela paz e a união entre os homens, em palavras, ações ou pensamentos. Bem-aventurados os que têm a paz na Terra como anseio e ambição. Bem-aventurados os que não fazem diferença entre raças ou nações, e os que se empenham em anular os conceitos que oprimem e separam. Bem-aventurados os que, no íntimo de seu coração, rejubilam-se, onde quer que o Senhor seja celebrado. Em teu nome não hão de separar teus filhos as religiões.

Sinta o homem glória em amar sua espécie e em amar todas as espécies. Sinta-se ele um verdadeiro irmão dos outros homens, e verdadeiro filho entre os filhos da terra-mãe. Fortaleçam-se os laços de afeto entre as nações. Que cada um de nós, no trabalho ou em casa, ensine o amor e a compreensão.

As lutas infrutíferas cessarão. E cessarão as guerras ruinosas que envergonham os justos e a todos humilham. Cessarão a destruição, a fome e a miséria. O homem será bom para o homem, e tudo que neste mundo foi criado viverá em harmonia. Por tua graça.

Que assim seja.*

*Oração inspirada em palavras de Abdu'l Bahá. (N. *da* A.)

E ele começou por ensinar:

– Escolhei as palavras com que falareis ao Senhor como aos homens. A palavra é criação e matéria. Pronunciai as melhores palavras sempre, as palavras benéficas, e somente elas, porque vossas palavras retornarão a vós, como retorna o bumerangue à mão que o atirou. E retornarão realidade indiscutível. Fazei de vossas palavras asas para voardes, e nunca o chumbo que amarrareis a vossos pés. Usai palavras benéficas para falardes de vós como de outrem, e estareis ajudando à natureza em seu trabalho pela evolução. E ela vos será grata por isso. E vos abrirá as portas de suas câmaras secretas repletas de tesouros.

E o Mestre sorriu ao ver na multidão um homem que dormia e roncava, tão alheio a seu ensinamento. A cabeça apoiada num úmido tronco, serrado havia tempo, como num travesseiro. E baixou o tom da voz para não perturbar-lhe o descanso. Escolheu então falar sobre o sono e a noite:

– Orai à noite, pela paz de vosso sono. Para que possais dormir em segurança, e em segurança possa vagar o vosso espírito, como não vaga em vigília, quando deve estar atento. E não seja o seu vagar em regiões sombrias, que é de luz o alimento pelo qual vosso espírito anseia. Busque ele nas alturas a claridade. Sejam doces vossos sonhos, e o repouso bastante para o dia.

Oração da noite.

Deus esteja presente.

Abençoa, meu pai querido, esta noite. Possa eu dormir em tranqüilidade, e teus anjos velem por minha casa.

Sob tua proteção, minhas portas e janelas estarão vedadas a todo mal. Meus sonhos serão inspiradores de meu próximo dia. Eles me falarão de beleza e paz. E enquanto repouso, meu corpo receberá saúde, meu espírito claridade.

Amanhã, ao acordar, seja eu melhor pessoa do que fui hoje, melhor a cada dia para o próximo e para os meus. E a alegria estará comigo noite e dia. Por tua graça.

Que assim seja.

E o Mestre falou do dia:

– E orai ainda ao amanhecer, com vosso corpo descansado, e antes que as tensões do dia venham retesá-lo, para que também vosso corpo ore. Orai a cada dia para direcionar vossos passos à liberdade, à criatividade, à alegria, e não permitir que energias dispersas vos tomem por abrigo. Elas são como moscas para as quais um espírito incerto é como um prato de açúcar, e não trazem benefício. Orai, pois, para serdes firmes e retos a cada dia.

Oração do amanhecer.

Deus esteja presente.

Senhor,

Obrigado por mais este dia. Dá-se, a cada novo dia, o milagre da vida, renovado. Renova-me a mim com ele.

Possa eu fazer o que é de mim esperado. Dá-me mãos e pés e olhos e boca e ouvidos para cumprir neste dia a missão que me é destinada. Não faça eu um único gesto que possa ofender a qualquer de teus filhos criados. Dá-me palavras macias e consoladoras para falar aos justos e fracos, aos humildes e afetivos. E se tiver que usar as duras para falar aos opressores, que, ainda que ásperas, sejam elas inspiradas por ti. Que minhas mãos sirvam para acariciar e construir, e meus pés conduzam-me pelo caminho do equilíbrio e da alegria. Banha-me, Senhor, com tua luz, e este será um dia de grande beleza. O ar que respiro me trará saúde, assim como todo alimento que me é dado por ti. Põe, sobre minha cabeça, a tua mão, e toma conta de meu corpo e de meu pensamento.

Que assim seja.

A *"mulher que compreendeu"*, *terminando de alimentar a criança, guardou o seio. E ele disse:*

– Dizeis que amais todas as crianças porque amais vossos filhos e netos, e os protegeis como a galinha protege os pintos. Mas nem vossos filhos são todas as crianças, nem sabeis ao certo o que é esse amor. Pois se algum mal sucede a outra criança que não a vossa, respirais aliviados de vossa sorte, porque não foi a vosso filho. Mas somente amareis a vossa quando amardes e respeitardes todas as crianças. E a prova de que ainda não sabeis amar é o que fazeis a vosso filho: Vós o atrelais a vosso egoísmo, o amordaçais para que não diga ele o que não quereis ouvir, vós o desmontais para que se torne adequado ao mundo que fizestes e de cuja continuidade o incumbis, ainda que vosso mundo esteja apodrecido. Olhais com horror o filho rebelde. E chamais isso de amor! Orai, entretanto, por vosso filho. É um primeiro passo. Orai por vosso filho enquanto não

fordes capazes de amar todas as crianças de maneira igual. Orai por vosso filho, como um treinamento. Quanto mais amardes um, mais perto estareis do amor de todos. Pois o amor é um canal de águas cada vez mais volumosas. E se muito amardes, mais amareis. Mas amai com cuidado, para amardes o outro mesmo, e não a projeção do vosso próprio egoísmo. E quando fordes grandes, quando fordes sublimes – e o sereis, se o quiserdes –, então, cada criança será vosso filho, e sereis o pai e a mãe de todas elas.

Da mãe para o filho.

Deus esteja presente.

Toma conta, Senhor, de meu filho.

Somente por tua graça eu abriguei meu filho em meu corpo, e ele será para mim sempre uma criança. Tu determinaste que haveria eu de agasalhá-lo, alimentá-lo, protegê-lo e educá-lo por toda a minha vida. Recebi com alegria tua determinação. E faço o melhor que posso, em minhas humanas limitações. Mas posso eu bem pouco em missão tão grande. E somente por tua inspiração tenho caminhado.

Que possa eu olhá-lo dormir e dizer: "*Sou venturosa de tê-lo comigo.*" E nenhuma frustração que seja minha hei de atribuir-lhe. Antes, hei de agradecer-lhe por meu crescimento.

Renova meu espírito. Rejuvenesce-me, para que possa eu ser como um companheiro para meu filho.

Pois que não seria justo pedir que envelhecesse a ele para maior proximidade de sua mãe.

Toma conta de meu filho. Põe sobre sua cabeça tua mão. Livra-o de todo mal. Inspira-o para o amor e a fartura.

Dou-te graças, Senhor, por me teres escolhido para a maternidade.

Que assim seja.

Do pai para o filho.

Deus esteja presente.

Senhor, toma conta de meu filho.

Protege de todo mal o filho de meu sangue, conforme tua determinação. Ilumina-lhe o caminho sempre. Que seja ele forte de saúde e pensamento, e lúcido e tranqüilo, amigo e amável, trabalhador e justo. Dá-lhe discernimento para escolher, entre os amigos, os mais sinceros e mansos. Que a ninguém possa fazer o mal, assim como mal não possa fazer-lhe quem quer que seja.

Dá-me paz, coragem, determinação e amor para estar junto de meu filho e protegê-lo. Sabedoria, para aconselhá-lo. Liberdade, para segui-lo sempre na grande jornada da vida. E que, velho, possa eu dizer: "*Nunca o perdi...*"

Glória a ti, Senhor, pela graça da paternidade.

Que assim seja.

Olhando dormir o filho.

Deus esteja presente.

Eis, Senhor, minha criança que, por mais que cresça, a mim parecerá sempre criança. Eis o filho que, por tua graça, vim gerar.

Abençoa, meu Deus, este nosso filho. Meu e teu. Porque és tu o verdadeiro pai e a verdadeira mãe. E eu não sou mais que teu representante na Terra. Assim fui honrado.

Abençoa, pois, este teu filho, que é a tua bênção o único bem desejável.

Glória a ti, Senhor, pela bem-aventurança da vida.

Que assim seja.

– E orai por vosso filho desgarrado, vós, que fareis da oração a luz dos caminhos que hão de levar-vos a ele e ele a vós.

Oração pelo filho disperso.

Deus esteja presente.

Senhor,

Como dizer a ti de meus temores, se a todos conheces melhor que mesmo eu?

O mal que me aflige não aflige só a mim. Em todos os tempos e em todos os lugares, pais e filhos distanciaram-se uns dos outros; filhos partiram, dispersaram-se, e pais negaram os frutos de seu próprio sangue.

A frágil história dos homens está repleta de destinos semelhantes.

No entanto, é próprio também do homem julgar a sua maior que a dor alheia, e, para mim, não há outra que à minha se compare.

Tenho buscado em vão o conhecer o momento da ruptura. Tento compreender onde foi, e quando, que um de nós falhou; qual palavra, qual gesto nos separou. Fui eu, afinal, ou foi ele? O certo é que nos afastamos.

Dá-me, pois, Senhor, paz para compreender os mistérios da vida. Saúde para crer no amanhã . Alegria para admitir meus próprios erros. Sabedoria para acertar o caminho que nos levará de volta um ao outro.

Vigia, Senhor, meu filho.

Diz-lhe ao ouvido que seu pai (sua mãe) pede perdão, mesmo que não tenha errado. E que um só aceno seu bastará para que vá a seu encontro, porque não há humilhação maior para um pai que ter um filho disperso. Nem solidão maior que a do filho que não conhece o caminho da casa de seu pai.

Que assim seja.

E ele disse:

– Ouvi o que vos digo: A oração é água e fogo, terra e ar. É água porque nela deveis mergulhar, como já disse, com todo o ser. É fogo porque ilumina, irradia e aquece. E em fogo se materializa, porque é de luz e fogo o escudo protetor que se cria – invisível aos olhos do homem comum, mas nítido aos do Iluminado – em torno daquele por quem muito se tem orado.

"A oração é terra também, porque fértil e nutriente. E porque nela aprofundará raízes vosso ser, até que floresça como um loto de mil pétalas. Mas é ar e éter, porque leve, sutil, e tão completamente necessária e vital, e porque é nas alturas o seu reino.

"Vós sois também água e fogo, terra e ar. E sois vós próprios uma oração. Ou não teria o Senhor vos feito do resultado do amor entre um casal. Que maior oração poderia existir que a que resulta de um ato de amor? Sabei, pois, que sois sagrados. Orai pela graça de vossa saúde.

Pela graça da saúde.

Deus esteja presente.

Dou-te graças, Senhor, por minha saúde. Graças por habitar meu espírito um corpo perfeito. Bem maior que este não poderia eu desejar. Lúcida é minha mente. E em mim tudo funciona harmoniosamente. A cada dia renova-se meu vigor. O milagre diário e renovado da vida dá-se em mim, como em toda a Natureza. Tenho tudo de que preciso: ar, alimento, repouso.

E em tua honra, meu pai, hei de espalhar à minha volta, aonde quer que vá, alegria e compreensão. Porque o homem que, como eu, goza de saúde perfeita, mais que os outros, tem o dever de amar o seu próximo e dizer palavras ternas, e trabalhar com afinco por teu triunfo na Terra, e trazer as mãos repletas de sementes de harmonia.

Que assim seja.

– Orai por vossa saúde, ainda que um mal incurável vos habite. A doença é um caminho de descoberta.

Do que sofre de doença sem cura.

Deus esteja presente.

Senhor,

Pouco valor damos à saúde quando a temos. E somente ao perdê-la compreendemos seu significado. Eis, Senhor, que perdi parte da minha. E daria de mim qualquer coisa para tê-la de volta. Mas agradeço-te o que me foi poupado. Não sei se posso pedir-te cura, porque para o mal que tenho não se conhece remédio na Terra. No entanto, a cada dia a ciência dos homens dá mais um passo. E em meu coração renova-se a esperança de vida.

Eis-me, Senhor, diante de ti, então, não para pedir milagres, que estes deverei eu antes merecê-los. Mas o que é a vida de qualquer dos homens senão milagre renovado a cada dia? Meu corpo é templo teu, e hás de querê-lo forte e harmonioso para que ainda maior seja a tua glória na Terra.

Meu espírito, que é teu, há de permanecer límpido e vigilante, pela tua graça, para que somente o bem, o bom e o belo tenham entrada em meu corpo e minha mente.

Deste-me, com a doença, a chance de elaborar muitas coisas que outros não puderam ver. Que me seja permitido ensinar ao próximo o que tenho aprendido. E minha dor possa ser de utilidade para mim e para o outro, pois mesquinho é o homem que sofre sem se dar a si mesmo e aos demais, e sem fazer do sofrimento fonte de grandeza.

Dá-me alegria para distribuir entre os amigos que permanecem a meu lado. Benditos sejam os amigos que ficam na doença. E benditos os homens de todas as raças e línguas que trabalham pela saúde.

Envia-me tua luz e indica-me o caminho. Aonde quer que me mandes, ali habita a alegria.

Que assim seja.

– Orai pela saúde do outro, ainda que só desejeis o vosso próprio bem. A saúde do planeta depende de cada ser vivo, e a saúde de cada homem é bem de todo o reino humano.

Pelo amigo ou parente com doença física ou mental.

Deus esteja presente.

Senhor,

Somente por tua graça a saúde poderá retornar a um corpo doente. E tua graça é infinita.

Rogo a ti, Senhor, pela saúde de (*nome da pessoa*). Intercede por ele, que sofre. Banha com tua luz seu corpo e sua mente, para lavá-los de toda impureza e dor. Derrama-te sobre seu espírito para consolá-lo enquanto ainda tiver que sofrer.

Inspira, Senhor, os que têm a missão de seu cuidado, para que não lhes falte amor, e ensina aos amigos a oração, para zelá-lo.

Que tua bênção, pela nossa fé, se transforme

em saúde, em vigor, em alegria, em cura para teu filho (*nome da pessoa*).

Glória a ti, Senhor, pela bem-aventurança da vida.

Que assim seja.

E prosseguiu:

– É bem comum ainda a paz de espírito de cada homem. Orai pelo que perdeu a sua.

Oração por um homem que perdeu seu rumo.

Deus esteja presente.

Senhor,

Vês a folha morta de outono, levada daqui para ali pelo vento, e que a ninguém serve, pois nem a si mesma pertence? Poderia ainda ser bela, mas, misturada à poeira e sob os pés dos passantes, perdeu toda poesia. Assim é meu amigo, Senhor.

Entregue ao desamor de si mesmo, é menos que a folha de outono, pois esta cumpriu seu destino e cede agora lugar a viçosos brotos, enquanto meu amigo não chegou ao fim do seu.

Barco sem bússola e sem leme, seu coração está disperso. Tenha ele, Senhor, noites claras de estrelas e constelações, para afinal encontrar o próprio norte. Soprem-lhe ventos favoráveis e vozes amigas. Apazigúem-se as águas de seu destino, e seja seguro o porto que ancorará seus sonhos.

Permite, Senhor, que os anjos embalem-lhe o sono com canções de doçura, para o necessário e inadiável repouso. E sejam suas canções como carícias.

Sofre o homem que perdeu a saúde do corpo. Mas maior é o sofrimento daquele cuja mente adoece. O primeiro pode ainda servir ao outro e a si, e não se dissociou do mundo. Mas o que perde a lucidez é marginalizado, e sua vida se esvazia de sentido.

Intercede, Senhor, por meu amigo que sofre. Que se abram portas e janelas da casa de seu espírito para que nela entre o sol, e a luz prevaleça sobre suas sombras.

Que assim seja.

– Tomai atenção: muitos são os que se desarmonizam no mundo em que viveis. Se acaso vos deprimirdes, transformai vossa desarmonia em energia criadora, para com ela lutardes por vossa bandeira. Pois muitos são os inimigos que se interessam por vossa depressão. Quem são eles?, vos perguntais. São os que vos querem escravizar. E se vos encontram abatidos, farão de vós tudo o que quiserem. Sede atentos. São os inimigos da vida que trabalham por vossa depressão. Mas vós estareis sempre do lado dos vivos, e não vos desarmonizareis.

Oração do que se sente em desarmonia.

Deus esteja presente.

Senhor,

Estou em desarmonia com as coisas do mundo. Meu coração, apertado, se angustia. Não vejo a saída para que meu espírito volte a alegrar-se. E mesmo o ar que respiro e me alimenta é com dificuldade que tem passagem em meu corpo, tanta a minha tensão e a minha angústia. Eu sinto medo.

Que teu amor se volte para meu coração doente, trazendo-lhe harmonia, renovação e conforto. Possa eu outra vez rejubilar-me com o mundo, pela tua graça. Ilumina-me o caminho da alegria que é tua, como são teus todos os prazeres do corpo e do espírito. Restitui-me a fé no outro e na vida, para que possa eu carregar meu destino com suavidade e bondade. Deus infinitamente misericordioso, abençoa-me o pensamento.

Que assim seja.

– Procurais um caminho. Mas não é verdade que o que muito procura é o que acha. Juntai todas as vossas forças, empenhai todos os vossos movimentos, voltai vossos sentidos todos na direção da sinceridade. Destruí as ilusões acerca de vós mesmos. Farejai como um cão, que para isso vos foi dado o olfato. Tateai como um cego, que vosso tato também tem olhos. Treinai vossos olhos para ver no escuro. E fazei o mesmo do vosso paladar: apurai-o. Para que todas as coisas dialoguem convosco. Só então podereis falar de sinceridade.

Oração do que procura em vão.

Deus esteja presente.

Senhor,

Tenho procurado em vão. E talvez que, cego e surdo, procure onde não se encontram meus ideais. Por mais que faça, não encontro realização.

Ó Deus. Tu que és infinitamente amoroso e bom e belo, ajuda-me a escolher o caminho do encontro. Ilumina meu pensamento. Dá-me força, perseverança e lucidez para perseguir meus objetivos e fazer o que é preciso que seja feito. Dá-me harmonia para ouvir e compreender teus sinais, e liberdade para seguir a trilha por ti sinalizada. Pois pouco me servirá se me falares e eu estiver surdo para ouvir tua voz, ou angustiado demais para compreendê-la. Ou ainda que, agrilhoado, não possa seguir-te.

Abençoa-me, Senhor, para que possa eu melhor servir-te e ao próximo, pela tua glória.

Que assim seja.

E prosseguiu:

– A oração é uma forma de meditação. Meditai sobre o ressentimento. Vós sois o rio, e o ressentimento a poluição a turvar-lhe as águas. Sois o rio do qual não vemos o fundo. Não há como confiar nele. Está morrendo. Não fertiliza mais as margens e intoxica tudo o que nele venha a banhar-se, pois apenas transporta detritos. De suas águas não beba ninguém. Se não for tratado a tempo, transformar-se-á num pântano fétido, e nenhuma vida abrigará. Assim sois vós, os ressentidos. E o vosso orgulho é o burocrata que não ouve os especialistas, engaveta papéis, e empata a hora que urge de tratar-lhe as águas. Bastaria que não se impusesse no caminho, e a capacidade de regeneração da natureza, num piscar de olhos, agiria, e logo seríeis outra vez transparentes, e logo os pássaros voltariam a trinar no verde de vossas margens, e, num piscar de olhos, voltaríeis a matar a sede dos que viessem beber de vossas águas. Vosso orgulho não passa desse tolo burocrata. Implorai pela graça de perdoar.

Para perdoar.

Deus esteja presente.

Dá-me, Senhor, humildade e grandeza para perdoar. Meu coração endurece no desgosto. O coração ressentido é um prisioneiro dos próprios pensamentos. A mágoa é um inimigo cruel, que tira ao magoado o ar e lhe invade o sono e os sonhos. Erva daninha, impedindo o brotar das flores do espírito.

Livra-me, Senhor, deste inimigo, tu que, como ninguém, conheces os benefícios do perdão. Dá-me suavidade para esquecer as ofensas, sabedoria para neutralizá-las, luz para transformá-las em bens do espírito. Pois que, por tua graça, tudo pode ser transformado. Apazigua e alegra meu coração ofendido e o coração daquele que me ofende, pois não é livre o coração que agride, como não é o que se deixa agredir. Ficamos assim um ao outro agrilhoado. Liberta-nos, Senhor, para que brinquem os nossos espíritos em tua claridade. E ambos gozaremos de maior saúde física e mental. Nossas almas estarão outra vez límpidas e transparentes, como a água de teus rios. E havemos de nos deleitar com esse frescor, antes de seguirmos cada qual o seu caminho.

Grande alegria terá meu espírito, quando eu tiver triunfado sobre o ressentimento. Grande será o meu júbilo e o teu, quando em fertilidade se tiver transformado o que agora é mágoa.

Que assim seja.

– E aprendei com isso a implorar perdão também para vós quando ofenderdes, porque a vós não é dado o direito de ofender o que quer que seja.

Para pedir perdão por ofender o outro.

Deus esteja presente.

Senhor,

Perdoa minha ofensa. Bem sei que cada vez que ofendo o outro em palavras, ações ou pensamentos, a ti ofendo e ofendo a mim. Pois que eu e o outro somos um. E cada um de nós é templo teu.

Desejo ser justo e forte, e bom e puro. Mas sou fraco e irascível, sou injusto e limitado. Digo palavras amargas e duras quando desejaria dizer as suaves e confortadoras. Alimento pensamentos desprezíveis, ajo com paixão, quando gostaria de agir com sabedoria. Todas as pessoas precisam de compreensão.

Eu me arrependo. Perdoa-me. E ajuda-me a obter o perdão daquele a quem ofendi. Intercede por mim, Rei da Doçura. Ilumina-me, para que não venha mais eu a ofender qualquer de teus filhos criados. Amansa meu coração e arrefece meu orgulho. Dá-me calma, Senhor: Que minha palavra e meu gesto sirvam antes para consolar e alegrar que para ferir e humilhar. E meu pensamento e minha emoção reflitam luz em meus olhos, e seja eu amável para que a meu lado possa o outro sentir-se sempre bem. Assim, a mim e a ti melhor servirei.

Que assim seja.

Uma chuva grossa caiu de repente. Os homens encolheram-se abraçados a si mesmos. Naquela região montanhosa a chuva cai assim de repente, alternando-se com o sol, e é sempre grossa. José de Arimatéia achou bonita a multidão molhada, a chuva escorrendo de seus rostos como lágrimas. E pensou que os homens haviam de sentir saudade de suas casas aquecidas:

– Orai pela paz e pela saúde de vossa casa. Como vosso corpo, a casa também abriga vosso espírito. Difícil será estar em paz se vossa casa não tem paz. E repousar, se ela não repousa. E ter alegria, se a casa não tem. E saúde, sem que ela tenha. Orai por vossa casa.

Pela presença do Senhor em casa.

Deus esteja presente.

Eis, Senhor, minha morada. Minha casa é para mim um templo onde construo, dia a dia, pedra por pedra, minha vida, e abriga meu coração como meu espírito. Tua é a minha casa, como teu é tudo de que disponho.

Habita comigo, Senhor, minha morada. Tenha ela sempre paz para receber-te. E seja para ti, como é para mim, abrigo e repouso. Que, ao entrares, sejas tu reconhecido como Única Majestade. O melhor de nossos pratos te será servido. E nossos doces frutos, para teu banquete. Beberei de tua taça, Senhor, e tu beberás da minha. E, por tua bênção, comungaremos o pão, pois és tu a fonte de toda vida e de toda alegria, e não te negas àqueles que desejam mais que tudo a tua companhia. Seja essa então minha única ambição: desfrutar de tua presença. Minha morada seja teu santuário.

Fechem-se portas e janelas a todo mal. Aqui habitará a harmonia, a sabedoria, a justiça, a generosidade, para que seja o Senhor sempre agradado.

Entra, Senhor, pois que nesta casa a beleza tem primazia. Vestirei minha melhor roupa e purificarei meu espírito a cada dia, para receber-te. E meus cães hão de festejar-te quando ainda ao longe vieres.

E te lavarei os pés cansados, e aquecerei tuas mãos entre as minhas. Eu te ouvirei os conselhos e tu me ouvirás as preces. E quando nos deitarmos para o repouso, minha cabeça dormirá junto à tua, meu espírito em teu regaço, e meu corpo ao teu abraçado.

Que assim seja.

– Eu vos disse e repito agora: Há dor no caminho ao falar ao Senhor. Ninguém destrói as ilusões acerca de si mesmo, para ver-se de verdade, ninguém chegará a ser, sem sofrimento. Embora sejam também indizíveis as alegrias. E quando vós fordes o milagre de vós mesmos, nada vos deterá. O deus que dorme em vós estará desperto. E isso será a melhor coisa por que podeis agora esperar. Mas haveis de sofrer nesse caminho. E melhor vos sentireis no sofrimento se puderdes contar com vossos amigos. Benditos sejam, pois, os amigos.

Oração pelos amigos.

Deus esteja presente.

Senhor,

Bem mais suave é a vida do homem que tem amigos. Eles são como a brisa a acariciar-nos o rosto. Bem mais agradáveis são os dias quando se conta com eles. Grande é o júbilo daquele que se sabe especial no coração do outro. E, mesmo para o homem que se vê obrigado a viver distante de seus amigos, deliciosa é a certeza de tê-los.

Os amigos são como estrela guia, a dar-nos rumo e iluminar-nos os caminhos. Anjos a velar-nos com ternura. Fontes de água fresca a matar-nos a sede. Árvores frondosas em cuja sombra descansamos o espírito. Eles são como chuva a fertilizar-nos os campos da criação.

Lembra-te, Senhor, de meus amigos. Que nada lhes falte: paz, fartura, saúde, conforto, ternura.

Conserva-os a meu lado – não me falte o seu apreço, pois que este me é muito caro. Possa eu, Senhor, merecer o seu desvelo – sou, com isso, muito honrado. Seu amor me dignifica e fortalece. Benditos sejam meus amigos. E a ti também bendigo por aproximar-nos neste mundo.

Que assim seja.

– Orai por vossos pais, para não cairdes na tentação de julgá-los, ou, o que é pior, culpá-los por uma desarmonia que é vossa. Uma forma cômoda de não vos livrardes de vossos desencontros. A culpa, seja ela do outro ou vossa, é o caminho inverso da libertação. Não vos relacioneis com ela. Orai por vossos pais na Terra ou fora dela, e todos os pais vos reconhecerão como filho, e todos os filhos em vós se espelharão.

Em honra dos pais vivos.

Deus esteja presente.

Glória a ti, Senhor, por me teres escolhido para filho de meu pai e de minha mãe. Imenso é o meu amor por eles e imenso o deles por mim. E se algumas vezes nos desencontramos, nada pôde significar o desencontro diante de amor tão sem limite.

Que de minha boca não saia palavra alguma que possa ofendê-los, nem de meu espírito julgamento, pois não cabe ao filho julgar os pais. Minha mão há de ampará-los sempre, e meu coração há de abrigá-los. Meus passos hão de me conduzir sempre a seu encontro. Sou parte deles e eles de mim.

E tu hás de alegrar-te com isso. Pois grande é

o privilégio meu de tê-los por pais, e grande é o seu privilégio de me terem por filho. Foi este um desígnio de Nosso Senhor, e grande é a sua bênção para pais e filhos que se olham com amor.

Que assim seja.

Em honra dos pais falecidos.

Deus esteja presente.

Senhor,

Venho a ti pedir pela glória de meus pais, como tantas vezes pediram eles por mim. Que possam, neste momento, rejubilar-se de tua presença. Tão cedo partiram. E muitas vidas vivessem, ainda assim meu coração de filho não estaria satisfeito, e pedir-te-ia mais. Pois grande é o conforto do filho que tem os pais a seu lado. Mas só tu és eterno. E quando nos faltam os pais da Terra, és tu a única consolação e o único conforto.

Conforta-me, pois. Deixa que em teu colo descanse minha cabeça. E permite que meu coração guarde para sempre a doce saudade de meus pais terrenos. Abençoa-os, Senhor. Olha por eles, porque sou o testemunho maior de seu amor e de seu desprendimento. Perdoa-lhes suas faltas, pois grandes foram os seus acertos. E permite que eu, o filho, possa lembrá-los sempre por seus acertos, sem jamais julgar-lhes as faltas, pois a nenhum filho é dado julgar os pais.

Segura, Senhor, suas mãos entre as tuas, tu e só tu, que conheces a doçura. E deixa que contigo possam desfrutar da paz da eternidade.

Que assim seja.

– Mas a oração é causa e efeito. E vos falei das causas, dos motivos por que deveis orar. Vou agora falar-vos do outro lado: de nada adiantará que oreis, se não observardes os efeitos da oração em vós. A oração é um método de transformação. Podeis chamá-la de "O Caminho da Crisálida". Observai, de quando em quando, o que a oração tem transformado em vós. Se vossa mente areja-se e vosso coração suaviza-se, se vosso espírito elucida-se, se tendes agora mais vitalidade e mais objetivos, se vos acomodais menos. Porque a acomodação não tem origem divina. Deveis ser suaves, mansos, ternos, deveis combater vossa irascibilidade, sem nunca vos acomodar. É assim que é. E se nada mudou dentro de vós com a oração, perdeste tempo em orar. Buscai então outro caminho. Não há Deus onde não há transformação.

E como visse um homem e uma mulher apertando-se um contra o outro, as roupas molhadas acentuando-lhes as formas, como se se protegessem um no outro do frio e da chuva, numa sensualidade tão viva e tão natural, falou da graça do encontro dos casais:

– Orai juntos, homens e mulheres, pela graça de vos terdes encontrado. Juntai forças de naturezas tão distintas, e utilizai-vos desse mistério que fez com que vos atraísseis um ao outro como ímã, para potencializar vossa voz. O amor tudo pode. Não vedes como incomoda ele aos tolos? Como ameaça aos ditadores, que tudo fazem para coibi-lo?

Pela união de homem e mulher.

Deus esteja presente.

Aqui estamos, Senhor, diante de ti, homem e mulher, por tua determinação unidos.

De um fizeste dois. Mas, na tua infinita misericórdia, deixaste na Terra o amor, para que cada metade a outra encontrasse. Glória a ti por nos termos achado, entre tantos homens e mulheres. Pois que está perdido e ansioso o homem que ainda procura sua contraparte, como um barco à deriva, sem porto seguro onde achar repouso.

Glória a ti pela alegria de nos termos um ao outro.

Faz-nos, mais que amantes, bons amigos. Dá-nos companheirismo e cumplicidade, união, compreensão para crescermos juntos; fidelidade em seu sentido mais amplo, para que nunca se abale a confiança que temos um no outro; humildade, para caminharmos lado a lado.

Que saúde e prosperidade virão, pela tua graça, desta união. E juntos poderemos bem mais que um sozinho e pela metade. Permita-nos ter sempre palavras mansas e confortáveis um para o outro, e nossas mãos sirvam ao carinho e à construção de nossos ideais. Que os frutos do nosso amor sejam doces a teu paladar, e à tua mesa possam ser servidos.

Abençoa, Senhor, este homem e esta mulher, pois todo amor tem em ti sua origem.

Que assim seja.

– Ó vós, que temeis os fracos e fugis dos ternos. Vós que virais as costas aos justos e chamais insanos os idealistas. Sois cegos e não o sabeis.

"Mas para falar ao Senhor é preciso ver. Porque o próximo passo será ver, e ver, e ver; até que sejais capazes de ver além, para adiante, ver cada vez mais e mais longe, ver o que os outros não vêem, além da lógica, além do óbvio, além de vós mesmos, além do impossível. Então, um dia, vereis e amareis o bom e o belo do horrendo, e ainda assim compreendereis perfeitamente que os outros homens dele se afastem com repugnância. Só então estareis prontos para falar ao Senhor. Rasgai principalmente vossas entranhas, para olhar-vos por dentro. Fazei isso sem medo, e falareis ao Senhor.

"Lembrareis então do que vos digo agora: Vós sois o alquimista. Transmutai o que é grosseiro em ouro. Pegai das energias hostis que vos são direcio-

nadas. Não as desprezeis. São energias. São matéria-prima para vosso trabalho. Fazei delas benefício. Fostes dotados para isso. Confiai em vossas potencialidades.

Oração para transformar hostilidade em benefício.

Deus esteja presente.

Toda energia será transmutada. Tudo neste mundo obedece à lei divina da mutação.

O que hoje me hostiliza, amanhã, transformado, me será agradável. O que me vê com frieza saberá que sou amável. O que ora me magoa será cortesia e doçura. O que me humilha há de ser o que trabalhará por minha vitória. O que me fere providenciará minha cura.

Por essa razão, Senhor, não responderei com grosseria à grosseria. Ao que é rude contraponho afeição. Ao que me fere estendo a mão, confiante, conforme teu ensinamento.

De ti, Senhor, sou o filho perfeito e bem-amado.

E não alimentarei ação ou pensamento que não sejam para a glória de meu Pai na Terra. Porque tua glória será a minha também.

Que assim seja.

E ele disse:

– Meditai sobre o vosso tempo. Pois ainda que não vos agradeis da geração que é vossa, ainda que vos julgueis melhor que ela, ainda que sonheis com dias melhores que os vossos, ainda que desejásseis antes ter nascido em outro século que não este, do passado ou do futuro, é este o tempo que realmente tendes para viver e trabalhar. Agradecei aos que vieram antes, iluminai os que virão depois. Não vos deixeis, entretanto, governar nem pelo passado nem pelo futuro. Porque é hoje vosso tempo, e sereis livres nesse dia. É essa a hora.

Oração pelos antepassados.

Deus esteja presente.

Senhor,

Muitos séculos antecederam o meu tempo. E muitos e muitos homens, em cada um deles, trabalharam para que eu desfrutasse hoje do progresso. Artistas, cientistas, filósofos, poetas, homens da vida prática, anônimos ou não, me precederam, com suas civilizações, até o meu dia. Benditos sejam eles por isso. Benditos os equívocos por eles cometidos, para que não incorresse eu nos mesmos erros agora. E sejam ainda mais benditos os seus acertos.

Benditos sejam meus avós e seus próprios pais e avós, e os pais deles, infinitamente. Benditos sejam seus sonhos e experiências. E os seus livros e obras, nos quais espelho meu conhecimento; seus inventos e suas estradas.

Piso o caminho que me foi aberto por meus

antepassados, e no caminho que eu mesmo abro pisarão os filhos e netos de minha geração. Seja eu um elo elástico e maleável entre passado e futuro, para distender-me sempre sem contudo romper-me jamais. Seja eu um elo cristalino, e, como um prisma, reflita a luz do sol de hoje para o amanhã como o ontem.

Haja ternura em meu coração para os que vieram antes e os que virão em seguida.

Seja eu uma árvore a esgalhar-me para o céu, tanto mais aprofundem-se no solo minhas raízes. Seja um rio a correr cantando para o mar, sem se deter, e sem contudo perder-se de sua nascente. Pois formidável é o que se ergue sobre as colunas fincadas por meus antepassados, e que sustentarão este edifício até que a mais alta cúpula, a que tocará teus pés, esteja erguida.

Que assim seja.

Quando a chuva se foi, um sol de tênue calor ressurgiu. Era já o fim da tarde. E Arimatéia aspirou profundamente o cheiro da terra molhada. E falou:

– Orai pela realização em vosso trabalho. Olhai com ternura o vosso trabalho. Porque entre as toras do marceneiro e entre as panelas do cozinheiro escondem-se verdades tão fundas que dez mestres não seriam o bastante para ensiná-las.

Para realização no trabalho.

Deus esteja presente.

Senhor,

Trabalho. E assim designaste que havia de fazer o homem na Terra: trabalhar. E o trabalho tornou-se demais importante na vida do homem. Mais horas dedicamos ao trabalho que ao lazer ou ao amor. Mais dedicamos a ele que mesmo a ti, nosso pai glorioso.

O trabalho tornou-se fundamental para a alegria, a saúde do corpo e da mente, a honradez, a dignidade, a liberdade. Difícil para o homem ser bom para o outro, ser solícito e amável para os seus, quando o trabalho lhe é doloroso, quando é humilhado e não reconhecido em sua competência. Dá-me, pois, Senhor, o trabalho fértil e reconhecido, não por competitividade ou ambição, não para inflar-me o ego como um balão, mas para que melhor possa eu servir ao próximo, mais conforto e dignidade possa dar aos meus, e mais tranqüilo seja eu para ver-te e ouvir-te. Faz-me trabalhar livre para servir ao oprimido, alegre para espalhar palavras boas, criativo para servir às gerações que virão, humilde para aprender mais sempre. Honrado para que meus filhos e netos possam lembrar de mim com ternura.

Abençoa, Deus, o meu trabalho.

Que assim seja.

– E meditai sobre o vosso ofício. Quantos prodígios se fizeram, quantas vontades, quantas tempestades jogaram-vos de um lado para outro, como num turbilhão, até que vos encontrásseis fazendo o que fazeis. Porque nada acontece por acaso. E não falo de acomodação, mas de luta, e das forças a que estão submetidos os homens da Terra, que ainda não vos foi dado conhecer totalmente. Quantas coisas trabalharam e se organizaram, quantos encontros e desencontros, para que tivésseis uma vocação e a seguísseis ou não. Falai ao Senhor sobre vosso ofício.

Oração do médico.

Deus esteja presente.

Senhor,

Fui mesmo eu quem escolheu a medicina, ou teria a medicina, ela sim, a mim escolhido para seu exercício?

Se fui eu, então devo fazer da ciência meu sacerdócio. E da medicina, a razão maior do meu contentamento.

Se, ao contrário, eu fui o escolhido, devo dar graças por isso, porque assim fui honrado em trabalhar a teu lado pela preservação da vida.

Faz então, Senhor, que não me afaste de ti em circunstância alguma. Seja a tua parceria por mim celebrada a cada hora. E, quando tocar o corpo de meu semelhante, a ti, e somente a ti, esteja eu servindo.

Dá-me humildade para compreender os limites

da ciência dos homens. E coragem para tentar vencê-los.

Seja meu amor, a exemplo do teu, ilimitado, para consolar a dor e o sofrimento, pois pouco vale um médico que trata o corpo e esquece o espírito. E seja minha fé inabalável, para aceitar os desígnios da vida e da morte.

E meu coração há de encontrar em ti abrigo na derrota, e repouso na fadiga. E, ainda na vitória, em ti encontrarei recompensa.

Que assim seja.

Oração do artista.

Deus esteja presente.

Senhor,

Somente por tua inspiração posso produzir o meu trabalho. E por teu desígnio e vontade me fiz artista. Somente a ti devo o que tenho criado de belo e de contundente.

Abençoados sejam os artistas de todos os tempos. Os que modificaram o mundo com suas obras e os que modificaram uma só cabeça ou um só coração. Os que o mundo abraçou e os que se sustentam na solidão e no ostracismo.

Sou grato a ti, Senhor, pelo que me foi dado. Sem tua graça, o artista não será mais que um técnico ou um burocrata. Sem tua bênção, não produzirá uma só obra que tenha validade para quem quer que seja. Sem tua luz, não será um artista mas um falsificador.

Faz-me, Senhor, merecedor de tua bênção. Dá-me lucidez para compreender a vida, e vocação para retratá-la. Liberdade para expressar-me com honestidade. Sensibilidade para tocar o coração do próximo. Habilidade para cumprir o meu ofício. Fidelidade para trabalhar no caminho da felicidade dos homens. Coragem para desagradar quando se fizer necessário.

Livra-me da vaidade, inimigo maior do artista, armadilha que a muitos tem aprisionado, e a tantos de ti distanciado.

Que assim seja.

Do arquiteto, engenheiro ou construtor de casas.

Deus esteja presente.

Senhor,

Se por mãos como as minhas hão de ser construídas as cidades, que sejam elas feitas para o amor de meu semelhante, e sejam as cidades para a vida e para a harmonia dos homens.

Cada morada é um templo para abrigar o ser divino que vive em toda criatura.

Permita-me, então, construir para o homem com o mesmo apreço e a mesma sabedoria com que meus antepassados construíram os templos de seus deuses. E o mais simples casebre que me for dado erguer será para mim o castelo de um rei.

O prédio que construo a mim sobreviverá. Futuras gerações por ele passarão. Seu teto abrigará seus sonhos e anseios. Sob ele amarão e festejarão suas vitórias. Ali se recolherão na dor e na decepção.

Que possam então pensar em sua casa com ternura, quando a ela retornarem para o repouso. E seja para eles tão aquecida e estável como o coração do Senhor.

Que assim seja.

Oração do jornalista e comunicador.

Deus esteja presente.

Senhor,

De que vale o fato, senão por seus significados? De que vale a notícia sem a compreensão do que a vida, através dela, nos quer dizer e ensinar?

Dá-me, Senhor, lucidez para compreendê-lo e liberdade para dizê-lo, sem o que não serei mais que um espectador da realidade. Faz de mim teu instrumento de esclarecimento, de transformação, de evolução e de paz social.

Com tua bênção, não hei de servir jamais à opressão, à crueldade ou à falsificação. Não hei de distinguir entre raças, povos ou religiões. E a pobres e ricos falarei com eqüidade.

Assim cumprirei o ofício com que me honraste,

dando-te graças eternamente por ter sido, justo eu, o escolhido para fazê-lo. E encontrarei em meu destino a grande alegria dos que vivem e trabalham pela vida e pela harmonia dos homens.

Que assim seja.

Do mestre e educador.

Deus esteja presente.

Escolheste-me, Senhor, entre tantos, para ensinar e educar. E se assim o quiseste é porque conheces minha capacidade de fazê-lo. Dura é a sina do educador, e somente um coração justo e amoroso poderá cumpri-la conforme tua vontade. Glória a ti por me considerares digno de exercer no mundo esta missão.

Banha-me, pois, de teu amor, para que seja ele a fonte inesgotável de meu próprio coração. Possa eu beber do cálice da tua justiça, para ensiná-la àqueles que a outros hão de ensinar, até que seja a tua justiça compartilhada por todos os homens da Terra. Sou como a mãe ensinando ao filho o primeiro passo. Se ele cai e chora, ela o tomará nos braços e o confortará, e ele se sentirá seguro para tentar outra vez. Até o dia de caminhar sozinho, sem o auxílio de ninguém. Assim sou eu com meus discípulos. E meu coração será para eles tão terno quanto o de uma mãe.

Estende, Senhor, tua mão sobre minha cabeça. Que seja eu um exemplo de dignidade, alegria e liberdade, pois vazias são as palavras que não vêm acompanhadas de ações. E meu exemplo ensinará melhor que minhas palavras.

Tu és o Mestre. E se carrego em meu destino um título que é teu, dou-te graças por isso, Senhor. Seja eu um operário teu neste mundo, trabalhando por tua glória humildemente. Seja eu um pedreiro a construir templos no espírito de meus discípulos, um hábil ferreiro a forjar-lhes o caráter, um artífice inspirado a moldar-lhes sonhos de beleza e harmonia, um arado a revolver-lhes a terra, para que brotem suas sementes em árvores de deliciosos frutos.

Que assim seja.

E, quando voltou o rosto para o outro lado, Arimatéia viu um grupo de pessoas que identificou como uma família. Eram pai, mãe e um casal de filhos. Cada um diferente do outro. Mas podia-se ver que era uma família pela forma como se agrupavam, muito juntos, um no outro recostado, como se formassem uma escultura ou um edifício. E ele disse:

– A inteligência criadora ama a diferença. É essa a sua riqueza. É a prova maior de sua infinita imaginação. E para educar o homem, para ensiná-lo quanto às diferenças, para que desde cedo se acostumasse a isso, juntou no mesmo grupo sangüíneo homens os mais diversos. Orai, pois, quando estiverdes em família. Orai coletivamente e agradecei por vossas diferenças. A oração coletiva é outro ensinamento do qual não deveis esquecer. Pois tão grande é a luz criada pela oração coletiva, que impregna o local onde se ora, e ainda estará lá quando todos já se tiverem ido.

Celebrando a união da família.

Deus esteja presente.

Eis-nos, Senhor, diante de ti para agradecer e celebrar. Eis, para tua bênção, nossa família unida. Temperamentos diversos, sonhos diversos, diversas ambições. E, no entanto, nessa hora mágica, unidos para falar-te e desejosos de ouvir-te.

Obrigado, Senhor, por esta oportunidade. A ti nos consagramos. Nossa convivência há de dar-se sempre no mais profundo e mútuo respeito, e na mais sincera ternura. E nossas diferenças servirão antes para equilibrar-nos que para distanciar-nos.

Juntos estaremos na alegria, para festejá-la. E na dor nos consolaremos, os corações aquecidos pelo amor. E a ti louvaremos sempre. Abençoa-nos.

Que assim seja.

Oração pela família desunida.

Deus esteja presente.

Senhor,

Aqueles que tu uniste por laços familiares não hão de agir como inimigos, não hão de perder-se em mesquinharias e alimentar-se de amarguras. Não hão de disputar as migalhas que sobram da mesa de seu Pai.

Tantas vezes guardamos para o desconhecido nossa palavra mais doce, nosso mais agradável sorriso, enquanto despejamos no seio da família o pior de nós mesmos: nosso egoísmo, nossa incompreensão, nosso orgulho e opressão. Julgamo-nos um ao outro, quando só a ti é dado julgar. Condenamo-nos, ainda que saibamos que não nos deste o direito de julgar quem quer que seja.

Dá-nos, Senhor, tua graça. E através dela havemos de nos harmonizar e amansar. Por tua bênção nos uniremos, e grande será então a alegria com que celebraremos os laços de amizade e fraternidade com que tu finalmente nos hás de brindar.

Que assim seja.

Pelo filho ou parente ilegítimo.

Deus esteja presente.

Senhor,

Os laços de sangue são poderosos, mas tão legítimos quanto estes são os laços do espírito, que gozam de tua bênção e de tua aprovação. Mais próximos são os que se amam incondicionalmente que os que nasceram da mesma família e não se têm o mesmo amor.

Agradeço-te, pois, o filho (irmão, pai ou mãe) que me deste ao espírito. E que meu corpo abraça, como meu coração.

Fortalece-nos, Senhor, para que juntos possamos caminhar sempre com ternura. Faz com que mereçamos um ao outro, e nunca, por motivo algum, se abale nossa sincera amizade. Por toda a eternidade esse amor permaneça, pois eternos são os bens do espírito, e somente por tua vontade nos encontramos em nossa breve passagem na Terra. Por tuas mãos fomos abençoados, ao nos termos um ao outro. E por tua graça e generosidade, seguiremos unidos.

Que assim seja.

Oração do irmão pelo irmão.

Deus esteja presente.

Senhor,

Grandes devem ser os vínculos entre os que nasceram do mesmo pai e (ou) da mesma mãe, para que tu determinasses que tivessem a mesma origem na Terra. A ti sou grato, pois, por meu irmão.

Todos os homens são meus irmãos, mas o que foi gerado do mesmo sangue está mais próximo. Assim é, por teu desígnio.

Juntos crescemos, educados e abrigados na mesma casa, competindo pelo amor dos mesmos pais. Dá-nos, pois, Senhor, união. Dá-nos compreensão um para com o outro, companheirismo e cumplicidade. Afasta-nos da discórdia e dos pensamentos que nos possam afastar. Possa eu merecer sua confiança sempre, e ele a minha. Possa eu amá-lo em todas as circunstâncias e ser por ele amado.

Bela é a união de dois irmãos, e não há quem não venha a admirá-la. Dá-me, Senhor, a graça desta beleza, pois tudo que é belo vem de ti, e o que vem de ti é mais que desejável.

Que assim seja.

– Acreditai quando vos digo: Não há distância que a oração não percorra. Assim como o amor aproxima os homens, assim a oração atravessa continentes, e, como um dardo, atravessa também oceanos, para atingir seu alvo.

"O mundo é grande, mas vossas possibilidades são maiores. Orai juntos, vós que viveis distantes, orai na mesma hora, em cada canto.

Oração de entes queridos à distância.

(A ser feita pelos dois, à mesma hora.)

Deus esteja presente.

Eis-nos, Senhor, diante de ti, tão separados pela distância física quanto próximos em espírito, para juntos agradecermos-te nossa sorte. Por tua graça haveremos de estar sempre um com o outro, ligados por inabalável afeição, e nosso amor não se retrairá na ausência. Pois muitos são os que vivem lado a lado, sem no entanto permitirem-se igual entrega. E lado a lado estão, estes sim, ausentes; estes sim, distantes. Mas os que mantêm seus vínculos de ternura, mesmo que longe, caminham abraçados.

Dá-nos, então, Senhor, de beber em tua fonte de ternura a cada hora. E, quando de novo nos encontrarmos, seja como se ontem mesmo nos tivéssemos despedido. Não se rompam um só instante, breve que seja, os elos de nossa agradável intimidade. Que, passo a passo, possamos pisar trilhas paralelas da mesma estrada, e sejamos um para o outro, no universo, ponto de referência e identidade, chama acesa de beleza e de bondade.

E glória a ti, Senhor, pela oportunidade dessa hora, pois infinitamente grande é a ventura de diante de ti nos encontrarmos, comungando palavras de doçura.

Que assim seja.

– E repeti uma oração toda vez que vos encontrardes em grupo com um objetivo comum.

Celebrando a união do grupo.

Deus esteja presente.

Celebramos, Senhor, a união deste grupo.

Por tua graça juntamo-nos hoje aqui com o mesmo objetivo.

Que possamos então fazer o que deve ser feito. E nossas diferenças somem-se para nos enriquecer e ampliar. O que pode um só é bem pouco diante do que podem muitos trabalhando pela mesma causa.

Abençoa-nos, Senhor. E ilumina-nos o caminho, por onde seguiremos até o cimo da montanha sobre a qual festejaremos o sucesso de nossa jornada.

Que assim seja.

– Não chorareis mais a morte quando souberdes quem sois. Quando souberdes viver nem ao menos morrereis mais. Então, vos transformareis, como uma crisálida se transforma numa borboleta resplandecente.

"Os terrores da morte são frutos de vossa ignorância. Foi vossa ignorância que a pintou de cores sombrias. Pensai na morte como a própria vida em trabalho. Pois assim será para vós quando souberdes quem sois e onde estais.

Do que se entristece pela morte de alguém.

Deus esteja presente.

Senhor,

Bem sei que é o egoísmo que me faz agora sofrer. É meu pouco saber. É porque sou limitado que rejeito aquilo que não me é dado entender. E meu sofrimento ofende mesmo a ti, que és o Senhor da Alegria.

Deste asas a (*nome da pessoa que morreu*), libertaste-o da dor do mundo, e eu, por amá-lo, choro. Chamaste-o para o teu seio, para a convivência dos seres celestiais, tão ricos em sabedoria, tão puros em inocência, e eu, por querê-lo, reclamo. Fizeste-o feliz, e eu lamento. Em nome do amor, preferia vê-lo escravo da Terra, espírito aprisionado na matéria. E tão grande é minha dor, que nem as palavras amigas me consolam. Não as ouço. Como não ouço tua voz nem vejo a ti, Consolador, em meu cego e surdo penar. Sinto pena de mim por perder o amado, em vez de regozijar-me por ter sido escolhi do para desfrutar de sua companhia em seu tempo na Terra.

Sofro, embora sabendo que melhor faria ao que partiu minha alegria que minha dor. Pois dolorosa se torna a partida quando se deixam lágrimas na despedida. E sofre o que se vai, mesmo que com o coração cheio de esperanças para uma vida melhor, se atrás de si deixar o que ficou mergulhado em sofrimento.

Por isso, Senhor da Misericórdia, da Graça, da Consolação, faz de mim um coração venturoso. Dá-me sabedoria para aceitar a vida e a morte, para fazer da saudade fonte de inspiração e amor. Transforma, Senhor, em generosidade e bem-aventurança o que hoje é dor. Para que um dia possamos caminhar juntos, (*nome da pessoa que morreu*) e eu e tu, por tuas alamedas e jardins, e juntos possamos provar os doces frutos da eternidade.

Que assim seja.

Oração pelo que morreu recentemente.

Deus esteja presente.

Eis que atendeste ao chamado do Senhor. Regozija-te com isso, que é de alegria e prazer a casa que te está reservada nos céus. E os espíritos celestes hão de ensinar-te o caminho que ainda é novo para ti; caminho cheio de graças.

Andarás por alamedas floridas e colherás os frutos das árvores do Senhor, e estes estarão sempre doces.

A luz do Espírito a ti iluminará eternamente. E tu sorrirás, em tua plenitude. E ouvirás a música jamais sonhada pelos que habitam a Terra. E tudo será suavidade, harmonia, quietude. Conquistaste finalmente a vida e a liberdade.

E nós, os que ficamos, não havemos de chorar

senão pela alegria de teu triunfo. E ainda que fiques o resto dos dias em nossos corações, havemos de fazer de tua saudade inspiração e doçura. Tua lembrança será uma estrela guia a iluminar-nos os caminhos da alegria e da beleza. Por teu amor seremos venturosos.

Bem-aventurado seja o Senhor, por fazer da morte a coroação da vida. Bem-aventurado sejas tu, por finalmente conquistares a felicidade e desfrutares da companhia de nosso Pai.

Eis que vives, e é este o teu mais belo momento de vida.

Damos graças a Deus pelo privilégio de termos sido escolhidos, entre tantos, teus parceiros na Terra; e escolhidos para dizer-te um adeus emocionado, pois agradável foi o tempo em que estiveste conosco. Nosso amor será eterno como eterna nossa gratidão, pois que os bens do espírito não se perdem jamais.

Alegra-te, pois, com tua viagem, e nos alegramos em ver-te partir. Caminha com confiança, que os melhores dias te aguardam. Vai, e não olha para trás.

Consagra-te ao Senhor. E tua cabeça há de estar coroada quando repousares sob a sombra da grande árvore do paraíso.

Que assim seja.

E exagerando, como um ator que não conhece o seu ofício, teatralizou:

– Mas o que faço eu convosco? Pobres de vós! Viestes aprender a falar ao Senhor, não a pedir-lhe. Quereis falar-lhe, e passo eu aqui todo o tempo a ensinar-vos a pedir.

E como caricaturando a si mesmo:

– "Pedi por vossa casa, por vosso filho, por vosso irmão..." Quando a oração é bem mais que isso.

E pensou que poderia ter feito melhor o seu número. Da próxima vez daria um jeito de ser mais convincente.

– A oração é uma graça em si mesma – disse, trocando o tom. – Um homem bem poderia dizer: "Obrigado, Senhor, por ter eu orado." Muitos são os que oram para pedir e lamentar sua sorte. Mas a oração é graça em si. E vós experimentareis orar de outro modo. Experimentareis fazer da oração uma finalidade, enquanto gozais da graça que isso

vos traz. Orai confundindo-vos com a oração; abandonai-vos inteiros a ela. E gozai deste prazer que, de tão novo, vos transformará. Gozai desta alegria que, de tão funda, com nada do que conheceis se assemelhará. Libertai vosso espírito nessa experiência.

E Arimatéia respirou buscando o próprio centro. Procurou sentir a sola dos pés colada ao chão. Procurou o prumo, o equilíbrio do corpo e da mente. Era preciso ser especialmente cuidadoso agora com suas palavras. Encontrar a clareza, para que todos pudessem desfrutar do ensinamento. E disse:

– *Eu vos direi da postura com que falareis ao Senhor. Vosso pai não vos quer humilhados, não vos quer rastejantes, não vos quer inferiorizados e autopunitivos. Muitos são os que pensam que quanto mais miseráveis parecerem ao Senhor, mais este se comoverá, para vir como um mágico de circo realizar-lhes os desejos. Muitos são os que pensam que quanto mais inflamados, culpados, orarem, mais agradarão ao Senhor. Mas o Senhor ouvirá melhor os que falam baixinho. Pois, que pai que, sendo um justo, quer um filho inferiorizado, lastimoso, rastejante e autopiedoso?*

"Quando falardes ao Senhor, fazei-o de cabeça erguida, para que ele possa olhar nos vossos olhos. Quando falardes ao Senhor, fazei-o com o melhor de vós, e com a vossa dignidade resgatada. Que seja este um momento de felicidade e de nobreza. Estirai vossa coluna, liberai o ventre e o tórax, abri vosso plexo solar, abri vossos centros para que tudo possa fluir.

"Quando baterdes à casa do Senhor, lembrai-vos que é vossa também aquela casa. Por que haveríeis então de bater como um mendigo? A mesa, em vossa honra, estará posta. Por que haveríeis de ser o cão sem dono a implorar as sobras?

"Aprendestes a fechar o corpo, como quem se protege, diante de vossas autoridades terrenas. E a curvar-vos diante delas, para pedir-lhes clemência. E estivestes certos todo o tempo. Em milênios de opressão e dormência, fechastes vossos corpos ao ditador. E os que não o fizeram não estão mais na Terra, entre nós. Aprendei agora a abrir-vos para o libertador. Orai confortavelmente. Abri vossos centros sem nada temer

Para situações de perigo.

Deus esteja presente.

Nada temo.

Ainda que aparentemente esteja só, o Senhor está comigo e junto a mim. Sou o seu bem-amado e é ele o meu. Legiões de anjos caminham à nossa frente e às nossas costas e a cada lado de nós, pois que eu levo a cadeira da Majestade. São eles os seus batedores e os meus, e estão atentos.

Não se aproximará de nós o inimigo. Toda energia de malefício será transformada em benefício. Pois eis que segue comigo o Alquimista. E nossa caravana não tropeçará nas pedras do caminho, pois que elas se tornarão flores à nossa passagem. Eis que seguimos com o Senhor.

Que assim seja.

A noite já se adensava. Arimatéia e os outros já haviam orado todo o dia. E ele disse:

– Somente atingireis o Céu, homens, pela construção da Terra. E a primeira coisa a fazer neste caminho é construirdes a vós mesmos. Lutai contra vossos pensamentos desonestos, porque, se permitirdes, eles vos destruirão, e destruirão tudo o que esteja à vossa volta. A sinceridade é a chave do conhecimento. Só a verdade liberta. E à verdade basta surgir uma só vez, num só momento, em um só coração, para que nada, nunca mais, possa detê-la, e a tudo invada. Sede este coração.

"E ouvi quando vos digo: Harmonizai-vos com a natureza. Acaso algum dia surpreendestes a natureza em falsificação? Não é ela perfeitamente sincera e verdadeira, e perfeitamente divina? E não é a sua a mesma origem vossa?

Em louvor da natureza.

"Laranja na mesa, bendita a árvore que te pariu..."

Clarice Lispector

Deus esteja presente.

Salve, ó tu, natureza, Mãe amantíssima, generosíssima e infinitamente bendita. Glória a ti, que em tua grandeza jamais te deixas exaurir. Glória ao artista que te concebeu como expressão de seu amor, imperecível. Ó Senhor, não faça eu um só movimento contra qualquer de teus filhos criados. Seja eu, antes, um jardineiro a preservar com palavras, ações e pensamentos os jardins de tua criação. Eu sou a natureza. E amá-la é manifestar por mim mesmo amor.

Benditas sejam tuas árvores e caules, folhas e raízes. E todas as plantas e ervas. Bendita a terra que as gerou. Eu sou como a terra, e em meu coração brotam sementes em árvores de doces frutos, criam raízes profundas em meu ser.

Sejam benditos teus rios fertilizantes. Minhas veias são como rios a fertilizar-me o continente. Faz-me, pois, Senhor, em harmonia com o todo, pois o que sucede fora de mim é o que me sucede dentro. Bendita seja a água, presença maior no planeta como no meu corpo físico.

Bendito o fogo que aquece. Também arde em paixões a natureza humana, e meu espírito é chama acesa que há de arder sempre mais...

Seja bendita a beleza com que nos brindaste, ó Mãe. Que teus paladares e teus sons maravilhosos alimentam-me o espírito, enquanto alimentas-me a matéria com perfeição.

Agrada-me ao tato tua brisa, e tuas flores enfeitam-me a visão. Sejam benditas as chuvas, os dias, e as noites feitas para o repouso. Benditas sejam a música e a dança permanentes do Universo.

E benditos os animais, para os que se alimentam de sua carne e os que se alimentam de sua inocência. Bendito o reino dos homens, que há de ser o da consciência.

Sinto, ó Mãe, tua pulsação. E seu ritmo assemelha-se ao de meu coração.

Glória ao Senhor, por ter-nos dado um ao outro. Glória a ti, por tua exuberância. Sou teu filho perfeito, e hei de louvar-te todo dia, e em ti espelhar-me, Mãe, para contigo renovar-me a cada hora.

Que assim seja.

O cansaço e o sono a todos rondavam. Ali e aqui alguns cochilavam. Outros estiravam o corpo no desejo de permanecer acordados.

E José de Arimatéia pronunciou a última oração.

Oração à Mãe Cósmica.

Deus esteja presente.

Ó tu, coração do mundo, poder feminino, parte mulher do próprio Deus, a quem os sábios e os santos de todos os tempos quiseram tocar. Amor universal! Prepara-me, Senhora, para o dia em que todos os homens da Terra viverão em perfeita harmonia, teus filhos, e irmãos. Esteja próximo o dia, e possa eu ser digno de viver contigo essa hora de maravilhas. Derrama-te, Senhora, sobre cada um dos seres. Ilumina-nos tu, que és a doçura e a graça. Governa-nos, ó Senhora.

Pois não há sabedoria sem amor. Nem paz sem ternura. Nem há felicidade sem bondade.

És a consoladora, a que advoga em favor dos

pobres e oprimidos, a grande mãe que, em seu útero, abriga a semente dos dias futuros. Ampara-me! Guia-me! Mostra-te a mim! Fala comigo!

Que assim seja.

E Arimatéia voltou de novo as costas para a multidão, sem despedidas. E lentamente iniciou a subida. Alguns esperaram que desaparecesse entre as árvores que vestiam a montanha. Outros, mal se virara, já se agitavam, recolhendo pertences ou montando barracas para dormir ali mesmo, ao pé da montanha, e esperar a manhã para seguir viagem. Somente um cão velho e sarnento que estivera por ali enquanto a multidão orava, atraído pelos restos dos suplicantes, o seguiu. E quando os dois sumiram, já bem alto, o silêncio da noite se fez, pesado.

Impresso no Brasil pelo
Sistema Cameron da Divisão Gráfica da
DISTRIBUIDORA RECORD DE SERVIÇOS DE IMPRENSA S.A.
Rua Argentina 171 – 20921-380 Rio de Janeiro, RJ – Tel.: 585-2000